Text: Matthias Meyer-Göllner
Redaktion: Julia Stefanie Kress & Lisa Schachtschneider
Illustrationen: Ines Rarisch
Gestaltung und Bastel-Illustrationen: Fabia Schubert
Druck: FINIDR, s. r. o., Tschechische Republik
ISBN: 978-3-8337-3550-9

Die CD „Kleine Helden im Wald. Ein musikalisches Walderlebnis" ist im JUMBO Verlag erschienen (ISBN 978-3-8337-3581-3).

Die Deutsche Bibliothek – CIP-Einheitsaufnahme
www.jumbo-medien.de

Matthias Meyer-Göllner

Kleine Helden im Wald

Das Natur-Erlebnis-Buch

Mit Liedern, Geschichten, Spiel, Spaß, Wissen und Bastelideen

Liebe Leserin, lieber Leser,

© Matthias Meyer-Göllner

es war ein regnerischer Tag, als ich zum ersten Mal zu Besuch in einem Waldkindergarten war. Aber weil das Blätterdach uns Schutz gab und wir alle Regenzeug und Gummistiefel trugen, machte uns das nicht viel aus. Ich nahm meine Gitarre und sang zusammen mit den Kindern Waldlieder.

„Und gleich zeigen wir dir unseren Schatz!", sagte Marie plötzlich zu mir. Die Kinder führten mich zu drei großen Bäumen. In der Mitte stand eine Kiste. In der Kiste lag ein Stück Baumrinde, in das jemand ein Herz geritzt hatte. Außerdem entdeckte ich eine Vogelfeder, Eicheln und Bucheckern, Äste und braune Blätter darin. „Das sind eure Schätze?", fragte ich verwundert. „Ja, und die haben wir alle selbst gefunden und gesammelt!", antworteten Marie und ihre Freunde stolz.

Das war die Geburtsstunde der „Kleinen Helden im Wald". Diese Kinder waren die ersten Helden, die mir im Wald begegnet sind. Beim Schreiben der Geschichte um Igel, Wildschwein und Kröte habe ich viel gelernt: über die Tiere, die Bäume und den Wald als Lebensraum. All dieses Wissen ist in die Geschichte, die Lieder, die Spiele, Bastelideen und Experimente eingeflossen. Den Wald können wir mit allen Sinnen entdecken: Wir riechen zum Beispiel den Waldboden, wir hören den Gesang der Vögel, wir fühlen die Oberfläche der Baumrinde. Wenn wir „sinnlich lernen", spielt natürlich die Musik eine wichtige Rolle. Jedes Lied beschäftigt sich mit einem bestimmten Aspekt des Waldlebens und bietet die Möglichkeit, sich musizierend, singend oder tanzend neues Wissen anzueignen. Die Geschichte eignet sich auch hervorragend zu einer Inszenierung als Waldmusical. Ob in der Aula, im Turnraum oder auf der Waldlichtung – in jedem Fall wird es ein besonderes Erlebnis.

Herzlichen Dank an alle, insbesondere an Marie und ihre Freunde, die mir bei der Entstehung des Buches mit Rat und Tat zur Seite gestanden haben.
Ich wünsche allen, die „Kleine Helden im Wald" lesen, die daraus singen, die damit spielen und arbeiten, viel Freude und viele neue Erkenntnisse.

Herzlichst, Matthias Meyer-Göllner

Geschichten

Lieder, Spiele, Tanz

Basteln

Wissen, Experimente

Geschichten

Zum Vorlesen und Entdecken:
Igel, Wildschwein und Kröte laden
zum großen Wald-Abenteuer ein!

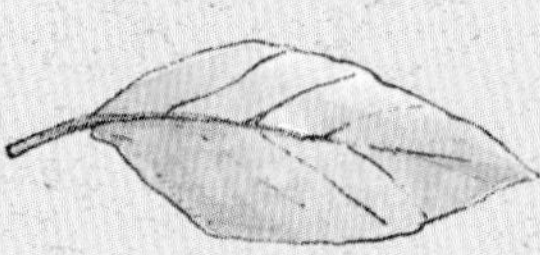

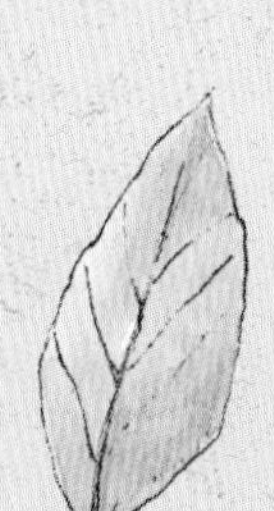

Kleine Helden im Wald

Nach einem langen kalten Winter ist im Drei-Tannen-Wald wieder der Frühling eingezogen. Die Sonne glitzert durch das zarte Grün der ersten Blätter und die zurückgekehrten Zugvögel zwitschern übermütig in den Bäumen. Überall sind die Tiere damit beschäftigt, den Winter auszutreiben und sich auf den Sommer zu freuen. An einem kleinen Weiher sitzen die drei Freunde Igel, Kröte und Wildschwein. Der Igel versucht, Steine auf dem Wasser hüpfen zu lassen. Die Kröte zählt mit.

„Vier!“, ruft sie. „Drei!“, nach dem nächsten Versuch. „Zwei!“, nach dem übernächsten.

„Mensch, Igel“, meint das Wildschwein, „das wird ja immer schlapper!“

„Pass nur auf, gleich schaff ich sieben!“, ruft der Igel. Aber der nächste Stein fällt mit nur einem einzigen Plumps ins Wasser. Der Igel sieht seine Freunde an.

„Es ist aber auch langweilig heute. Können wir nicht was Lustiges spielen?“

 Lied und Tanz s. S. 28 – 29

„Wir könnten doch Heiraten spielen“, schlägt das Wildschwein vor und fragt gleich die Kröte, ob sie seine Frau werden möchte. Doch der Igel hat große Zweifel.
„Was wollt ihr denn für Kinder bekommen? Krötenferkel vielleicht? Oder Schweinekröten?“
Natürlich muss ein Wildschwein ein Wildschwein heiraten. Zumindest, wenn sie zusammen auch Kinder bekommen wollen. Die Kröte sucht sich einen Kröterich.
„Liebe Kröte, wenn ich jetzt ein Kröterich wäre, würdest du mich dann zum Mann nehmen?“, fragt der Igel seine Freundin.
„Das kann ich mir nur schwer vorstellen, Igelchen. Deine Stacheln kann ich mir einfach nicht wegdenken“, antwortet die Kröte.
„Ist doch bloß ein Spiel!“, ruft das Wildschwein.
„Na gut, wenn du meinst, dann nehme ich den Igel zum Mann.“

Lieder und Spielideen zur Geschichte ab Seite 24

Amselbaby in Not – der Plan

Igel, Wildschwein und Kröte spielen zusammen. Plötzlich hören sie ein merkwürdiges Geräusch. Es klingt wie ein klagendes Singen, das überhaupt nicht in den sonst so fröhlichen Drei-Tannen-Wald passt. Neugierig machen sich die drei Freunde auf die Suche, um herauszufinden, woher das Klagen kommt. Bald entdecken sie mitten auf dem Waldweg ein hilfloses Amselbaby. Es scheint aus seinem Nest gefallen zu sein. Ängstlich hockt es auf dem Boden und ruft verzweifelt um Hilfe.

„Du bist doch ein Vogel. Warum fliegst du nicht einfach wieder zurück?", will die Kröte wissen.

„Aber ich kann doch noch gar nicht fliegen!", jammert das Amselbaby mit Tränen in den Augen.

„Dann helfen wir dir!", beschließt der Igel.

Das Amselbaby muss unbedingt zurück in sein schützendes Nest. Das ist eine Aufgabe für echte Helden. Aber wie sollen die Freunde das bloß anstellen? Keiner von ihnen kann klettern oder gar fliegen. Und das Amselnest ist hoch oben im Baum. Schwierig. Zum Glück hat der Igel eine Idee.

„Jeder von uns kann bestimmt etwas ganz besonders gut. Vielleicht können wir der kleinen Amsel so helfen. Wir packen es gemeinsam an. Jeder mit dem, was er am besten kann!"

 Lied und Spiel s. S. 30–31

Wildschweine, Igel und Kröten klettern oder fliegen zwar nicht, aber sie können Dinge, die sonst kein anderer so gut kann wie sie. Das Wildschwein kann sich sehr gut sauber machen. Erst suhlt es sich im Matsch oder Schlamm und lässt den Schlamm auf dem Fell trocknen. Dann sucht es sich einen Baumstamm und reibt die Kruste wieder ab. Dabei wird gleich all das Ungeziefer mit abgerieben, das sich im Fell des Wildschweins eingenistet hat. Der Igel kann seinen Körper zu einem Stachelball zusammenrollen, wenn er Gefahr wittert. So ist er sogar vor Füchsen geschützt. Die Kröte kann ein lautstarkes Quakkonzert veranstalten, das überall gut zu hören ist.

„Aber wie können wir damit dem Amselkind helfen?“, fragt das Wildschwein.

Der Igel hat schon einen Plan gemacht, bei dem jeder der drei eine besondere Aufgabe bekommt. Er tut sehr geheimnisvoll und gibt Anweisungen:

„Kröte, du besuchst die Eule und fragst sie, auf welchem Baum die Eichhörnchenbande wohnt. Das sagst du dann dem Wildschwein. Anschließend sammelst du einen Korb voller Beeren, Tannenzapfen und anderen Waldschätzen. Wildschwein, du gehst zu dem Baum, auf dem die Eichhörnchen wohnen. Dort reibst du deinen Po kräftig am Stamm.“

„Und was machst du?“, fragt das Wildschwein den Igel.

„Ich besuche die Ameisen.“

Was der Igel von den Ameisen will, verrät er seinen beiden Freunden allerdings noch nicht.

Die Eule

Die Kröte hat die alte Eule aus ihrem Tagschlaf geweckt. Zuerst ist die Eule natürlich ein wenig muffelig. Aber schließlich erklärt sie der Kröte dann doch, was sie wissen will.

„Die Eichhörnchen wohnen in der Buche. Die hat einen glatten Stamm und eiförmige Blätter. Aber verwechsele sie nicht mit der Eiche oder der Fichte. Die stehen direkt daneben."

Die Eule ist neugierig und möchte wissen, was die Kröte von den Eichhörnchen will.

Als sie von dem Vogelbaby hört, wird die Eule aufmerksam. Schließlich frisst sie gerne kleine Vögel. Das weiß die Kröte, daher läuft sie schnell zurück zu ihren Freunden. Doch der Igel hat bereits an alles gedacht.

„Keine Sorge, das hab ich im Griff! Wildschwein, du läufst zur Buche. Und du Kröte, nimm deinen Sammelkorb. Und wenn du die Eichhörnchen flitzen siehst, dann quake, so laut du kannst."

 Lied und Spiel s. S. 32–33

Der Ameisenhaufen

Während das Wildschwein bei der Buche nach den Eichhörnchen sucht und die Kröte Waldschätze sammelt, geht der Igel zum Ameisenhaufen. Dort herrscht ein großes Gewimmel und Gewusel. Ständig gehen Ameisen ein und aus. Dabei schleppen sie jede Menge Futter und Bauteile wie Tannennadeln und kleine Blätter in den Bau hinein.
Im Inneren werden gerade Ausbesserungsarbeiten durchgeführt. Am Morgen hat ein Spaziergänger mit seinem Stock in den Haufen gestochen und viele Gänge zum Einsturz gebracht. Einige der sorgfältig gepflegten Eier sind dabei verschüttet worden. Zum Glück ist der Königin, die ebenfalls in einer der vielen Kammern wohnt, nichts geschehen.
Der Igel fragt die zwei Wächterameisen am Eingang des Ameisenhaufens, ob er mit der Königin sprechen könne. Doch die beiden stellen sich ihm in den Weg.
„Die Königin ist für niemanden zu sprechen", sagt eine der Wachen knapp.
„Aber wir brauchen dringend ihre Hilfe. Ein Amselbaby ist aus dem Nest gefallen und braucht Schutz. Und nur ihr könnt uns dabei helfen!", bittet der Igel verzweifelt.
„Wir haben genug damit zu tun, unser Nest in Ordnung zu bringen. Das wird noch Tage dauern."
Doch der Igel bleibt stur. „Die Königin ist mir noch etwas schuldig. Ich habe sie einmal nach einem fürchterlichen Regenguss aus dem Wasser gezogen. Ohne meine Hilfe würde es euren großen Staat gar nicht geben!"
Einen Moment sehen ihn die Wachen erstaunt an. Dann erklärt sich schließlich eine der beiden bereit, die Königin zu fragen und verschwindet ins Innere des Ameisenhaufens.

Lied und Spiele s. S. 34–37

Die Kröte

Während der Igel vor dem Ameisenhaufen wartet, ist die Kröte tief in den Wald hineingegangen, um Nüsse, Beeren und Zapfen zu sammeln.

„Für die Eichhörnchen", hat der Igel gesagt. „Warum bloß für die Eichhörnchen?", fragt sich die Kröte. Im Wald entdeckt sie nicht nur Baumfrüchte, sondern viele andere kleine und große Schätze. Diese Schätze glitzern oder funkeln nicht wie Gold oder Edelsteine. Die Waldschätze sind spannende Dinge, die sich in jedem Wald finden lassen. In ihrem Sammelkorb liegt bereits eine Feder, von der die Kröte nicht weiß, wer sie verloren hat. Außerdem findet die Kröte ein Stück Baumrinde von einer Eiche, Eicheln, Bucheckern und leckere Beeren: Himbeeren, Brombeeren, Blaubeeren und sogar ein paar von den kleinen süßen Walderdbeeren. Mit Pilzen kennt sich die Kröte gut aus und kann deshalb die essbaren von den giftigen unterscheiden. Und wenn sie einen Pilz nicht kennt, lässt sie ihn stehen.

„Ach, das war anstrengend, jetzt könnte ich ein kleines Nickerchen vertragen", denkt die Kröte, als ihr Körbchen voll ist. Müde legt sie sich unter eine große knorrige Eiche.

 Lied und Spiel s. S. 38–39

Die Eichhörnchenbande

Hoch oben in den Waldwipfeln tobt die Eichhörnchenbande. Die drei rotpelzigen Freunde hüpfen und springen von Ast zu Ast, jagen hintereinander her und sind dabei mal ganz oben in der Baumkrone und mal ganz unten am Stamm. Nebenbei sind sie ständig auf der Suche nach Nahrung. Sie fressen gerne Nüsse, Zapfen, Pilze, Insekten und manchmal finden sie auch schmackhafte Vogeleier oder sogar kleine Vogelbabys.
Plötzlich erbebt der ganze Baum. Erschrocken sehen sich die Eichhörnchen an. Was kann das sein?
Als sie zur Erde hinabschauen, entdecken sie ein Wildschwein, das seinen Po gerade kräftig am Stamm ihrer Buche reibt.
„Was fällt dem ein?", fragen sie sich und wollen sich auf den Unruhestifter stürzen. Doch genau in diesem Moment läuft das Wildschwein los. Wütend verfolgen es die Eichhörnchen und geben dabei keckernde Laute von sich. Von dem Lärm wacht die Kröte auf. Sofort lässt sie ein kräftiges Quaken ertönen, das im ganzen Wald zu hören ist. Auf dieses Signal hat der Igel schon gewartet.

Lied, Spiel und Tanz s. S. 42–45

Rettungstaten

Die Ameisen haben inzwischen einen riesigen Hügel errichtet, unter dem das Vogelbaby verborgen ist. Der Igel steht daneben und beobachtet alles ganz genau. Auch die Eule kommt vorbei und erkundigt sich bei dem Igel nach dem Vogelbaby. Der Igel tut ahnungslos. „Ich weiß nicht, wo das Amselbaby ist. Vorhin habe ich ein Piepsen gehört. Drüben bei der Höhle“, antwortet er der Eule. Die Eule bedankt sich für die Auskunft und fliegt eilig in Richtung Höhle. In diesem Moment hört der Igel das laute Krötenquaken.
Sofort rollt er sich zu einem kugeligen Stachelball zusammen und legt sich in ein kleines Erdloch. Gerade noch rechtzeitig, denn schon erscheint das Wildschwein, gefolgt von den drei Eichhörnchen. Vor dem Ameisenhaufen halten sie an.
„Warum machst du so einen Radau, Frischling?“, fragt eines der Eichhörnchen.
„Wir wären beinahe alle vom Baum gefallen.“
„Wir ... ich ... brauche eure Hilfe“, stottert das Wildschwein und erzählt von dem Amselbaby.
„Bitte bringt es wieder zurück in sein Nest. Sonst muss es verhungern oder es wird von der Eule gefressen.“
„Klar doch, das machen wir!“, versprechen die Eichhörnchen.
Doch das Wildschwein merkt sofort, dass die drei es nicht besonders ehrlich meinen.
„Wo ist denn das Kleine?“, fragt eines der Eichhörnchen scheinheilig und zwinkert seinen Freunden verschwörerisch zu.

 Lied und Spiel s. S. 46–49

„Da vorne in dem Erdloch", antwortet das Wildschwein. Schnell springen die Eichhörnchen zum Erdloch und fangen an zu suchen.

„Au! Aua! Autsch!", hört man da ihre verärgerten Rufe. Mit ihren Schnauzen haben sie sich an den Igelstacheln gestochen.

„Was soll das? Willst du uns hereinlegen?", rufen die drei empört. In diesem Moment kommt die Kröte mit ihrem Korb voller Waldschätze an.

„Nein, hereinlegen wollen wir euch nicht, nur warnen. Wenn ihr dem Amselbaby oder seinen Geschwistern oben im Nest auch nur eine Feder krümmt, bekommt ihr es mit unserem Freund, dem Igel, und mit seinen Stacheln zu tun", ermahnt die Kröte die Eichhörnchen. Dann deutet sie auf die vielen leckeren Dinge, die sie im Wald gesammelt hat.

„Und das hier bekommt ihr, wenn ihr das Vogelbaby heil in sein Nest zurückbringt. Schließlich seid ihr die besten Kletterer im Wald und nur ihr könnt uns bei dieser schwierigen Aufgabe behilflich sein."

Beim Anblick der leckeren Waldschätze versprechen die Eichhörnchen, keinem der Vogelbabys etwas zu tun. Dann machen sie sich mit dem Amselbaby auf den Weg nach oben in die Baumwipfel.

Im Vogelnest ist gerade Fütterungszeit. Genau genommen ist in einem Nest mit jungen Vögeln immer Fütterungszeit, denn so viele kleine Vogelbabys brauchen eine Menge Futter am Tag. Die Eltern haben so viel zu tun, dass sie noch nicht bemerkt haben, dass ein Junges fehlt. Während Mama und Papa Amsel auf Futtersuche sind, legen die Eichhörnchen das Baby zurück ins Nest. Glücklich kuschelt es sich an seine Geschwister. Doch die bekommen beim Anblick der Eichhörnchen Angst und rufen:

„Hilfe! Das sind Monster, die uns fressen wollen!"

„Keine Sorge", sagt eines der Eichhörnchen, „wir werden euch nichts tun. Das haben wir versprochen! Eichhörnchen-Ehrenwort!"

Und dann verschwinden die drei schnell in der Baumkrone.

Als die Eltern von ihrer Futtersuche zurückkommen, erzählt ihnen das kleine Vogelbaby aufgeregt von seinen Abenteuern. Allerdings dauert es noch lange, bis alle so richtig verstehen, was passiert ist.

Wieder am Weiher

Die Amselfamilie ist glücklich vereint. Die Eichhörnchenbande verabschiedet sich von den drei kleinen Helden. Mit ihrem Korb voller Waldschätze haben sie einen gemütlichen Abend in den Baumwipfeln geplant. Dem Igel, dem Wildschwein und der Kröte wünschen sie alles Gute.

Nach diesem ereignisreichen Tag treffen sich die drei kleinen Helden erneut am Weiher.

„Okay, Leute, aber zum ganz großen Ruhm fehlt mir heute noch eine Sache!", ruft der Igel und nimmt sich einen Stein.

„Och komm, Igel, du willst ihn doch nicht etwa siebenmal über das Wasser hüpfen lassen?", stöhnt das Wildschwein. Doch die Kröte klatscht begeistert in die Hände.

„Warum denn nicht? Ich glaube, kleine Helden im Wald können einfach alles!"

Lied und Spiel s. S. 24–27

Lieder, Spiele, Tanz

Noten, Liedtexte und die schönsten Ideen zum Mitmachen und Bewegen. Spielerisch Koordination und Rhythmik fördern

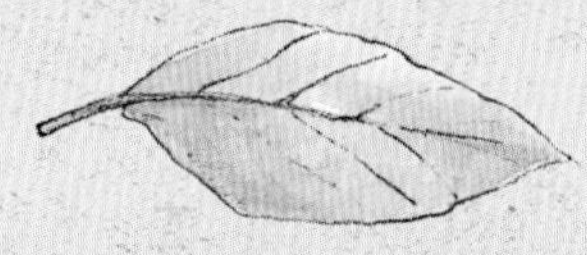

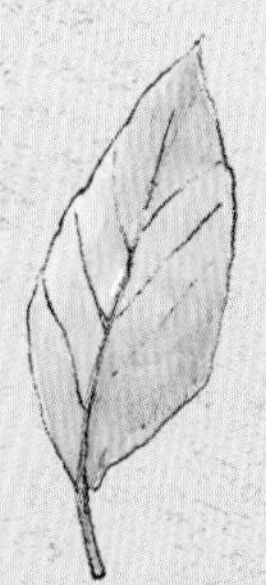

Kleine Helden im Wald

Kleine Helden im Wald
lässt ein Unglück nicht kalt
und sie packen mit an,
da wo man helfen kann,
kleine Helden im Wald.

2. Gibt es Schätze zu seh'n?
Neue Wege zu gehen?
Neue Brücken zu bau'n?
Dann sind sie's, die sich trau'n.
Kleine Helden im Wald
triffst du sicher schon bald,
ob am Teich, ob im Moos,
wo sie sind, ist was los,
kleine Helden im Wald.

3. Und bist du auf Entdeckungstour
und suchst im Wald den Clou
und findest dabei ihre Spur,
gehörst du auch dazu!
Kleine Helden im Wald
triffst du sicher schon bald,
ob am Teich, ob im Moos,
wo sie sind, ist was los,
kleine Helden im Wald.

Kleine Helden in Bewegung

Art der Aktivität:
einzeln oder in der Gruppe, bewegungsreich

Ziele:
Schulung der Koordination, Körpergefühl stärken, Gruppenerlebnis

Der Titelsong „Kleine Helden im Wald“ wird noch schöner und einprägsamer, wenn er mit Bewegungen gestaltet wird. Hier ein Vorschlag für eine durchgängige Bewegungs-Choreographie:

Refrain:

Kleine Helden im Wald
Die Arme seitlich abgestreckt, nach oben gebeugt, dabei die Hände zu Fäusten geballt (Heldenpose)

lässt ein Unglück nicht kalt
Beide Hände aufs Herz legen

und sie packen mit an,
da wo man helfen kann,
Fäuste vor dem Körper ballen

kleine Helden im Wald.
Heldenpose

1. Strophe:

Ist ein Wesen in Not? Ist ein Leben bedroht?
Hände vor dem Mund falten

Gibt's 'nen ängstlichen Schrei,
Hände an die Ohren legen

kommen sie schnell herbei.
auf der Stelle laufen

Kleine Helden im Wald
Heldenpose

triffst du sicher schon bald,
auf jemanden zeigen

ob am Teich, ob im Moos,
ausladende Gesten zunächst mit dem einen,

wo sie sind, ist was los,
dann mit dem anderen Arm

kleine Helden im Wald.
Heldenpose

Die Bewegungen wiederholen sich, wenn die nächste Strophe beginnt.

Zu Strophe zwei und drei gehören folgende Bewegungen:

2. Strophe:

Gibt es Schätze zu seh'n?
Hand suchend über die Augen halten

Neue Wege zu geh'n?
Die Finger der einen Hand „gehen"
auf dem anderen Arm „spazieren"

Neue Brücken zu bau'n?
Eine Hand auf die andere legen.
Die Arme vor den Oberkörper halten.
Die Unterarme formen einen Bogen.

Dann sind sie's, die sich trau'n!
auffordernder Wink an alle

3. Strophe:

Und bist du auf Entdeckungstour
gehen und sich umblicken

und suchst im Wald den Clou
und findest dabei ihre Spur,
auf den Boden schauen

gehörst du auch dazu!
auf alle anderen zeigen

Heiraten

Klemmt man den Kapodaster in den dritten Bund, können die Akkorde in Klammern gespielt werden.

2. Die Bärin sucht sich keinen Kater aus,
denn Bärenkinder fangen keine Maus.
Sie nimmt, das kann ich euch erklären,
zum Mann am liebsten einen Bären.

3. Der Hase heiratet kein wildes Schwein,
denn dafür ist der Hase viel zu klein.
Er feiert draußen auf dem Rasen,
die Hochzeit meistens mit ’nem Hasen.

4. Die Kröte lacht sich keinen Hirschbock an,
weil so ein Hirschbock gar nicht quaken kann.
Sie lacht bei Hochzeitspunsch mit Knöterich
am liebsten doch mit einem Kröterich.

Instrumentalteil:

Die Partner gehen aufeinander zu, haken sich unter und tanzen im Kreis. Nach acht Takten werden Arme und Richtung gewechselt.

Dieser Tanz lässt sich auch wunderbar zum Lied auf der CD vorführen!

Der Hochzeitstanz

Die Kinder finden sich als Paare zusammen. Die Partner stellen sich gegenüber voneinander auf, sodass zwei Reihen entstehen. Gemeinsam singen alle die erste Strophe des Liedes. Nun folgt der Instrumentalteil. Die Partner gehen aufeinander zu, haken sich unter und tanzen im Kreis. Nach acht Takten werden Arme und Richtung gewechselt. Anschließend kehren alle Kinder wieder in ihre Reihen zurück und singen gemeinsam die nächste Strophe. Am Schluss des Liedes verbeugen sich alle vor ihrem Partner.

Art der Aktivität:
bewegungsreich
gemeinsam/paarweise

Ziele:
Koordination und Rhythmik fördern
Kooperation/ Gruppenerlebnis

Voraussetzungen/ Vorbereitungen:
für genügend Platz sorgen

Was kann der Igel?

2. Was kann das Wildschwein,
   was sonst keiner kann? *(2×)*
   Es suhlt und wälzt sich gern im Schlamm
   und reibt dann seinen Po am nächsten Stamm.
   Kannst du das auch? Fang doch mal an!

   Der Igel rollt sich ein.
   Am Baum reibt sich das Schwein.

3. Was kann die Kröte, was sonst keiner kann? *(2×)*
   Sie quakt am Teich, sie quakt am Fluss,
   dass jeder hier im Wald es hören muss.
   Kannst du das auch? Fang doch mal an!

   Der Igel rollt sich ein.
   Am Baum reibt sich das Schwein.
   Die Kröte lässt das Quaken raus.

4. Was kann der Vogel, was sonst keiner kann? *(2×)*
   Er breitet seine Flügel aus
   und fliegt, so hoch er kann, ins Wolkenhaus.
   Kannst du das auch? Fang doch mal an!

   Der Igel rollt sich ein.
   Am Baum reibt sich das Schwein.
   Die Kröte lässt das Quaken raus.
   Der Vogel fliegt ganz hoch hinaus.

Tier-Pantomime

Jedes Tier hat eine besondere Fähigkeit, die auch in der Geschichte eine wichtige Rolle spielt. Im Lied wird nun versucht, diese besonderen Fähigkeiten mit Bewegungen nachzuahmen. Zunächst wird das Lied gesungen. Als Erstes wird dabei die Frage gestellt, was das jeweilige Tier kann, z. B. „Was kann der Igel…?" Dann folgt die Erklärung. Gleichzeitig zeigt ein Kind die für das Tier typischen Bewegungen. Nach der Aufforderung „Fang doch mal an!" versuchen alle Kinder, die Bewegung darzustellen. Die Bewegung für das nächste Tier wird von einem anderen Kind nachgemacht. Für die einzelnen Tiere gibt es folgende Bewegungsvorschläge:

Art der Aktivität:
bewegungsreich, einzeln oder gemeinsam

Ziele:
Körpergefühl stärken, Tiere nachahmen, Gruppenerlebnis

Voraussetzungen/ Vorbereitungen:
keine

Der **Vogel** fliegt ganz hoch hinaus.

Die Flügel ausbreiten und so tun, als würde man fliegen

Tiermasken basteln siehe S. 54

Der **Igel** rollt sich ein.

In die Hocke gehen, sich zusammenrollen und die Arme dabei schützend über den Kopf halten.

Die **Kröte** lässt das Quaken raus.

Die Wangen aufblasen und quaken.

Am Baum reibt sich das **Schwein**.

Den Po an der Wand reiben.

Das ist ein Baum

2. Die Eiche mal berühren,
   du kannst die Risse spüren.
   Das Blatt hat Lappen dran.
   Fass mal die Eicheln an!
   Hast du sie entdeckt?
   Zeig mir, wo sie* steckt!

   Dies ist ein Baum mit 'nem dicken Stamm,
   Wurzeln in der Erde, Blätter obendran.
   Unten trinkt er Wasser, oben tankt er Licht,
   denn so kann er wachsen, weggehn kann er nicht.

3. Die Fichte kennst du immer
   am roten Borkenschimmer,
   die Nadeln hängen dran,
   sieh dir die Zapfen an!
   Hast du sie entdeckt?
   Zeig mir, wo sie* steckt!

   Dies ist ein Baum ...

* Mit „sie" ist die Buche, Eiche bzw. Fichte gemeint.

Baumspiel

Mit diesem Lied lernen die Kinder spielerisch die drei wichtigsten Baumarten im Wald kennen. Es beschreibt die Merkmale Rinde, Blatt und Frucht, die der Baumbestimmung dienen.
Es bietet sich an, das Lied bei einem Waldbesuch zu singen und ein Baum-Suchspiel daraus zu machen. Bei schlechtem Wetter kann man Rinde, Blätter und Früchte auch mit nach drinnen nehmen.
Zu dem Refrain passen die unten abgebildeten Bewegungen.
Jede Strophe beschreibt eine Baumart. Jeweils am Ende steht die Aufforderung: „Zeig mir, wo sie steckt!“ Die Kinder versuchen nun den richtigen Baum (Buche, Eiche, Fichte) zu finden. Passend zu anderen Baumarten können weitere Strophen erfunden werden. Zum Beispiel:

Die Birke wiegt im Winde, sie hat ’ne weiße Rinde,
ein Dreiecksblatt dabei lässt Pollenkörner frei.

Art der Aktivität:
bewegungsreich,
Suchspiel

Ziele:
Baumarten kennenlernen,
zum Entdecken anregen,
Sinnesschulung
(Sehen, Fühlen)

Voraussetzungen/ Vorbereitungen:
Wald mit verschiedenen Baumarten,
Rinde, Blätter, Früchte der verschiedenen Baumarten

1. Dies ist ein Baum mit ’nem dicken Stamm.
Mit den Armen einen Kreis vor der Brust formen.

2. Wurzeln in der Erde.
Sich vorbeugen, die Hände auf dem Boden abstützen.

3. Blätter obendran.
Sich strecken, Hände nach oben heben.

Wissen über Bäume siehe S. 62–63

4. Unten trinkt er Wasser,
Die Hände wieder nach unten strecken.

5. oben tankt er Licht,
Hände wieder nach oben strecken.

6. denn so kann er wachsen, weggehn kann er nicht.
Arme und Oberkörper bewegen, ohne dass sich die Füße vom Boden lösen.

Ameisenlied

1 D A D A D A

1. A - mei - sen, A - mei - sen, klei - ne, a - ber fei - ne, A - mei - sen, A - mei - sen

7 D A G D A

ra - ckern nicht all - ei - ne, wenn wir al - le Hand an - le - gen, kön - nen wir die

12 D A D

Welt be - we - gen! 2. Wir sind klein, doch ziem - lich vie - le und wir ha - ben

17 A D A D A

Gro - ßes vor. Stück für Stück gehn wir zum Zie - le, vie - le Stim - men sind ein Chor.

22 G D A D

Wenn wir al - le Hand an - le - gen, kön - nen wir die Welt be - we - gen!

27 A D A

3. Tipp - tapp, tipp - tapp, mach noch nicht schlapp, tipp - tapp, tipp - tapp, im - mer im Trab.

31 G D A D

Wenn wir al - le Hand an - le - gen, kön - nen wir die Welt be - we - gen.

Ameisenmusik

Dieses Lied wird von emsigen Ameisen gesungen. Es werden drei Gesangsgruppen gebildet. Zunächst singen sie ihre Liedteile nacheinander (siehe unten). Dann singen die Gruppen ihren jeweiligen Teil gleichzeitig. So entsteht ein harmonisches Durcheinander wie in einem Ameisenhaufen. Mit Klangbausteinen oder „Boomwhackers" kann eine Begleitung gespielt werden. Dazu werden die Töne „D" und „A" benötigt, die zu dem Lied passen. Die Begleitung kann frei gestaltet sein. Wer mag, probiert folgenden Rhythmus aus:

Art der Aktivität:
gemeinsam

Ziele:
Sinnesschulung (Hören), Rhythmik fördern, Gruppenerlebnis

Voraussetzungen/ Vorbereitungen:
Musikinstrumente

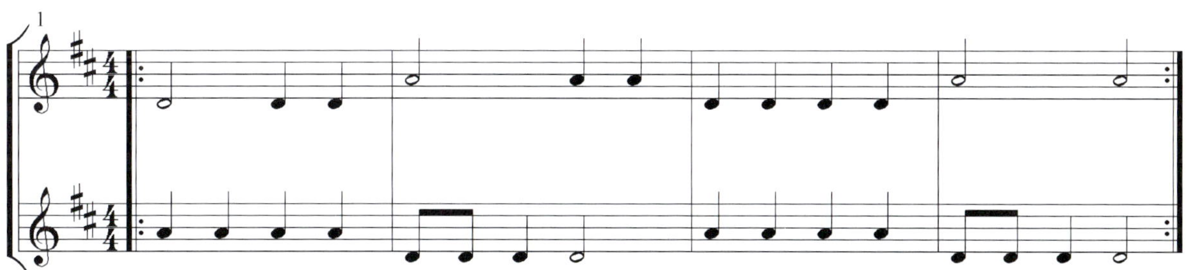

Die erste Gruppe singt:

Ameisen, Ameisen, kleine, aber feine,
Ameisen, Ameisen rackern nicht alleine.
Wenn wir alle Hand anlegen,
können wir die Welt bewegen.

Die zweite Gruppe singt:

Wir sind klein, doch ziemlich viele
und wir haben Großes vor,
Stück für Stück geh'n wir zum Ziele,
viele Stimmen sind ein Chor.
Wenn wir alle Hand anlegen,
können wir die Welt bewegen.

Die dritte Gruppe singt:

Tipp-tapp, tipp-tapp, mach noch nicht schlapp,
Tipp-tapp, tipp-tapp, immer im Trab! *(2×)*
Wenn wir alle Hand anlegen,
können wir die Welt bewegen.

Wer kommt ans Ziel?

Das Ameisenhaufen-Spiel

Ameisen erkennen einander mit Hilfe spezieller Duftstoffe. Sie markieren damit auch ihre Wege, die „Ameisenstraßen“, über die sie zu ihrem Haufen zurückfinden. In dem Ameisenhaufen-Spiel versuchen auch die Kinder nur mithilfe ihres Geruchssinnes, das richtige „Haus“ zu finden.
Für das Spiel benötigen wir drei deutlich unterscheidbare Duftstoffe (z.B. Parfum/Seife, Pfefferminz, Vanille) und einen kleinen Behälter (z.B. Marmeladengläschen) für jeden Mitspieler. Vor dem Spiel werden die Duftstoffe in die Behälter gefüllt. Jeder Duftstoff sollte in etwa gleich häufig vertreten sein.
Mit Seilen oder Stöcken werden drei verschiedene „Ameisenhaufen“ abgesteckt. Vor Spielbeginn bestimmen die Kinder drei Wächterameisen. Alle anderen Kinder übernehmen die Rolle der Arbeiterinnen.
Nun kann das Spiel beginnen: Vor jedem der drei Haufen steht eine Ameisenwächterin. Ihr sind die Augen verbunden und sie trägt jeweils einen der drei Düfte bei sich.
Die Arbeiterinnen kommen nacheinander mit ihren Döschen.
Die Wächterinnen machen den Duft-Test: Arbeiterinnen mit dem richtigen Duft werden in den „Ameisenhaufen“ gelassen.
Die anderen müssen es beim nächsten Haufen probieren, so lange, bis alle Ameisen zu Hause sind.
Am Ende vergleichen die Ameisen in ihren Häusern noch einmal ihre Düfte. Sind alle im richtigen Haufen angekommen?

Art der Aktivität:
gemeinsam,
Gruppenerlebnis

Ziele:
Sinnesschulung (Riechen),
Zusammenhalt stärken

Voraussetzungen/ Vorbereitungen:
Verschiedene Duftstoffe,
Augenbinde

Die Wächterinnen machen den Duft-Test:
Arbeiterinnen mit dem richtigen Duft werden hineingelassen.

Waldschätze

Originaltonart d-Moll

2. Das Rindenstück hat mal 'ne Eiche beschützt
und später hat jemand ein Herz reingeritzt.
Für all das ist in meinem Sammelkorb Platz,
so find ich im Wald einen richtigen Schatz.

3. Die Feder hier kitzelt am Hals und am Ohr,
und wie heißt der Vogel wohl, der sie verlor?
Für all das ist in meinem Sammelkorb Platz,
so find ich im Wald einen richtigen Schatz.

4. Aus Bucheckern mach ich mir 'nen Fingerhut,
an Eicheln gefällt mir die Pfeife so gut.
Für all das ist in meinem Sammelkorb Platz,
so find ich im Wald einen richtigen Schatz.

5. Die Zapfen vom Boden hebe ich auf
und etwas Moos leg ich noch obendrauf.
Für all das ist in meinem Sammelkorb Platz,
so find ich im Wald einen richtigen Schatz.

Sammelkorb-Spiel

Bei einem Waldspaziergang suchen die Kinder die verschiedenen Schätze, die im Lied vorkommen: eine Feder, ein Rindenstück, Beeren, Eicheln und Bucheckern. Hierzu braucht jedes Kind einen kleinen Sammelkorb. Zurück im Haus breiten die Kinder die Schätze auf einer Plastikfolie aus und singen dabei das Lied. Zur ersten Strophe holen die Kinder beispielsweise alle Beeren hervor, die sie gefunden haben. Bei genauem Hinsehen sehen die Dinge alle ähnlich, aber doch verschieden aus. Jedes Kind hat seinen ganz persönlichen Schatz gefunden. Besonders viel Spaß macht es, wenn jeder etwas über seine Waldschätze erzählt.

Art der Aktivität:
Waldspaziergang,
Suchspiel

Ziele:
Sensibilisierung für den Umgang mit der Natur,
Sinnesschulung,
Fantasie anregen

Voraussetzungen/ Vorbereitungen:
kleiner Sammelkorb o. Ä. für jedes Kind

Findest du die
Schätze im Wald?
Mach dich auf die Suche!

Waldwipfel-Bungee

2. Dann bist du heil gelandet,
ganz obendrauf im Licht,
und fragst: Ist es zu Ende?
Nein, nein, noch lange nicht.
Aha, oho, Waldwipfel-Bungee.
Es kommt die and're Seite,
der nächste Arm ist dran.
Er packt den Baum beim Wipfel,
dann fängt es wieder an.
Aha, oho, Waldwipfel-Bungee.

Dann geht es runter und wieder rauf,
du machst die Augen zu
und machst sie wieder auf,
und bist du oben, dann lässt du los,
du fliegst und drehst dich in der Luft
und fühlst dich riesengroß!

Waldwipfel-Tanz

Art der Aktivität:
paarweise,
bewegungsreich

Ziele:
Koordination und Rhythmik fördern, Gruppengefühl stärken

Voraussetzungen/ Vorbereitungen:
für genügend Platz sorgen

Zum „Waldwipfel-Bungee“ wird mit einem Partner getanzt. Was die Eichhörnchen mit den Ästen und Zweigen machen, versuchen die Mitspieler nachzuahmen. Jedes Kind umfasst mit der linken Hand den rechten Unterarm seines Partners. Zum Refrain machen die Kinder folgende Bewegungen:

1. Dann geht es runter
und wieder rauf,
Beide gehen in die Knie und kommen wieder hoch.

2. du machst die Augen zu
Knie beugen, diesmal mit geschlossenen Augen. Nach oben kommen …

3. und machst sie wieder auf,
… und die Augen wieder öffnen.

4. und bist du oben, dann lässt du los,
Arm des Partners loslassen.

5. du fliegst und drehst dich in der Luft
und fühlst dich riesengroß!
Alle Tänzer drehen sich frei durch den Raum, auch während des folgenden Instrumentalteils.

Das Winter-Eichhörnchen-Spiel

Eichhörnchen sammeln im Herbst Früchte und Samen und legen damit Vorratsverstecke für den Winter an. In der kalten Jahreszeit müssen sie ihre Vorräte schnell genug wiederfinden, um nicht zu verhungern. Auch die Feldmäuse freuen sich über gefundene Leckereien.
Vor Spielbeginn werden zwei Kinder ausgewählt, die die diebischen Feldmäuse spielen. Alle anderen sind Eichhörnchen.
Die Eichhörnchen erhalten je einen Vorrat von zehn Samen oder Früchten (z.B. Nüsse, Eicheln, Bucheckern o. Ä.). In einem abgegrenzten Gebiet versteckt jedes Eichhörnchen nun seine Vorräte. Es entscheidet selbst, ob es alle Vorräte am selben Platz lässt oder mehrere Verstecke anlegt. Größere Vorratslager sind zwar leichter wiederzufinden, werden aber auch schneller von den Feldmäusen entdeckt. Wenn alle Vorräte versteckt sind, beginnt die erste Spielrunde. Alle Mitspieler müssen nun möglichst schnell zwei Früchte finden und zu einem vorher festgelegten Sammelplatz bringen. Während sich die Feldmäuse aus allen Vorratsverstecken bedienen können, dürfen die Eichhörnchen nur Früchte aus ihren eigenen Lagern nehmen.
In der nächsten Spielrunde dauert der Winter schon länger und der Hunger ist größer. Jedes Eichhörnchen und jede Feldmaus muss daher schon drei Früchte einsammeln und zum Sammelplatz bringen. Wem dies nicht gelingt, scheidet aus.
Dann folgt der dritte und letzte Durchgang. Der Winter neigt sich dem Ende zu und der riesengroße Hunger lässt sich nur noch mit fünf Samen oder Früchten stillen. Jetzt zeigt sich, welche Eichhörnchen ihre Vorräte geschickt und klug versteckt haben. Gewonnen haben die Eichhörnchen, denen kein Futter gestohlen wurde. Auch die Feldmäuse, die genügend Vorräte von den Eichhörnchen stehlen konnten, sind Sieger.
Als schwierigere Spielvariante bietet sich ein Zeitlimit für das Einsammeln der Früchte und Samen an.

Art der Aktivität:
gemeinsam,
Suchspiel

Ziele:
Kreativität fördern,
Schulung der Koordinationsfähigkeit,
Gruppengefühl stärken

Voraussetzungen/ Vorbereitungen:
Vorräte wie Früchte oder Nüsse,
Versteckmöglichkeiten

Züchte einen eigenen Baum siehe S. 72

Vogelmahlzeit

Mama, wir haben Hunger! (...)

2. *(Papa)* So, ihr Kleinen, hergehört,
Schnäbel bitte aufgesperrt,
gleich bekommt ihr leck're Beeren,
Schluss mit eurem Schreikonzert.
Ein Schnabel, zwei Schnäbel, drei Schnäbel,
vier Schnäbel, fünf Schnäbel, sechs Schnäbel
und die Nummer sieben?
Wo ist sie geblieben?
Was ist nur gescheh'n?
Ich muss suchen geh'n.

Mama, wir haben Hunger! (...)

3. *(Beide)* So, ihr Kleinen, hergehört,
Schnäbel bitte aufgesperrt,
Käfer gibt's und leck're Spinnen,
Schluss mit eurem Schreikonzert.
Ein Schnabel, zwei Schnäbel, drei Schnäbel,
vier Schnäbel, fünf Schnäbel, sechs Schnäbel,
sieben Schnäbel,
alle wieder da,
das ist gut, hurra!

Vogel-
plätzchen-Rezept
siehe S. 71

Vogelbabyfütterung als Rollenspiel

Art der Aktivität:
Rollenspiel,
gemeinsam

Ziele:
Gruppengefühl und Kommunikationsfähigkeit stärken,
Musikalität fördern

Voraussetzungen/ Vorbereitungen:
Planschbecken (falls vorhanden),
Kissen, Decken

Sieben Kinder spielen die Vogelbabys. Ein mit Decken und Kissen gefülltes Planschbecken wird zu einem gemütlichen Vogelnest. Mit Kissen und Decken lässt sich aber auch sehr gut ein „Nest" auf dem Boden bauen. Ein Kind spielt den Vogelpapa, ein anderes die Vogelmama. Zwei Kinder schlüpfen in die Rolle der Eichhörnchen, die das fehlende Vogelbaby am Ende zurück ins Nest bringen. Sechs Vogelkinder sitzen im Nest und „sperren". Das bedeutet, dass sie ihre „Schnäbel" möglichst weit aufreißen. Das siebte Kind hält sich mit den beiden Eichhörnchen versteckt.

1. Die Vogelkinder im Nest singen:

Mama, wir haben Hunger! Piep-piep-piep.
Papa, los, mach uns satt!
So ein kleiner Schreihals wird nur groß,
wenn er genug zu fressen hat!

2. Nun kommt die Vogelmutter angeflattert und singt:

So, ihr Kleinen, hergehört,
Schnäbel bitte aufgesperrt,
hier kommt gleich ein leck'res Würmchen,
also Schluss mit eurem Schreikonzert!

3. Als Nahrung legt sie Rosinen, Nüsse oder Gummibärchen in die aufgesperrten Schnäbel. Dabei zählt sie mit:

Ein Schnabel, zwei Schnäbel, drei Schnäbel,
vier Schnäbel, fünf Schnäbel, sechs Schnäbel ...

4. Dann fällt ihr auf, dass das siebte Baby fehlt. Aufgeregt singt sie den Rest der Strophe und flattert davon, um das fehlende Vogelkind zu suchen.

... und die Nummer sieben? Wo ist sie geblieben?
Was ist nur gescheh'n? Ich muss suchen geh'n.

5. Die zweite Strophe beginnt wie die erste. Diesmal kommt der Vogelvater zum Füttern.

So, ihr Kleinen, hergehört,
Schnäbel bitte aufgesperrt, ...

6. Vor dem dritten Durchgang bringen die beiden Eichhörnchen das siebte Vogelbaby zurück ins Nest. Nun bitten sieben Schnäbel um Nahrung. Mama und Papa singen gemeinsam und freuen sich, dass alle wieder da sind. Das „Hurra!" am Ende singen alle Vogelkinder, Eltern und Eichhörnchen zusammen.

So, ihr Kleinen, hergehört,
Schnäbel bitte aufgesperrt, ...

Basteln

Kreativer Bastelspaß mit Naturmaterialien rund um das Thema Wald. Ideen für zu Hause und für Kindergruppen

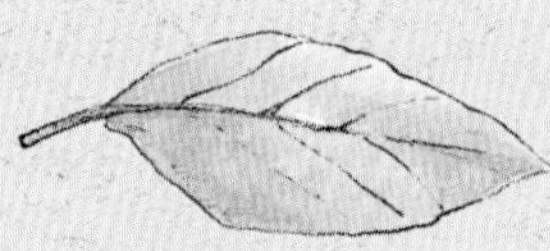

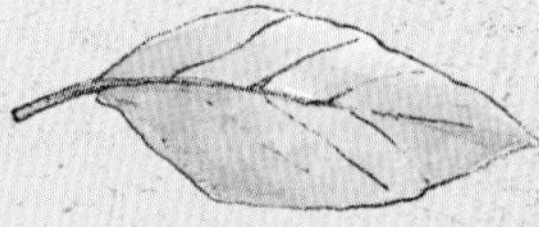

So klingt der Wald!

Astgabel-Rassel

Material
- Astgabel
- Draht
- Holzperlen

Wer bei seinem letzten Waldspaziergang eine Astgabel gefunden hat, kann daraus ein tolles Musikinstrument basteln! Einfach einen Basteldraht um die oberen Enden der Astgabel wickeln und einige Holzperlen auffädeln. Fertig ist die Astgabel-Rassel!

Klanghölzer

Material

- Stöcke
(z. B. Buche, Eiche)
- Schere

Das Rauschen der Blätter im Wind ist eines der schönsten Geräusche. Bestimmt hast du es schon einmal gehört! Aber weißt du auch, wie das Holz von Buche, Eiche oder Fichte klingt? Beim nächsten Waldspaziergang einfach ein paar Stöcke sammeln und von kleinen Verzweigungen befreien. Schon kann es mit dem Musizieren losgehen!

Spielideen

Klangholz-Tonleiter: Alle Kinder stellen sich mit ihren zwei Klanghölzern im Kreis auf. Nacheinander spielt jeder etwas vor.
Spielvariante: Jemand gibt ein kurzes Motiv vor und reihum spielen es alle nach.

Im Takt der Musik: Klanghölzer klingen ganz wunderbar zur Musik! Jeder, der Lust hat, schlägt im Takt des Instrumentalteils von „Heiraten" (S. 28) oder des Refrains von „Kleine Helden im Wald" (S. 24–25) mit. Wenn viele Kinder mitmachen, entsteht ein großes Waldorchester!

Tiermaske

Material

- Pappe
- Filzstift
- Schere
- Klebstoff
- Blätter, Nüsse

Zeichne einen Maskenumriss auf ein Stück dicken Karton. Achte darauf, dass die Augenausschnitte denselben Abstand wie deine Augen haben. Schneide dann die Maske aus und klebe die Blätter mit Klebstoff auf. Befestige ein Gummiband an deiner Maske. Die Blättermasken sind eine tolle Verkleidung für alle, die das Musical „Kleine Helden im Wald" aufführen.

Waldmobile

Material
- Aststück
- Draht / Faden
- Fundstücke aus dem Wald

Sammel die schönsten Schätze im Wald: z. B. Kastanien, Eicheln, Blätter oder eine Vogelfeder. Hänge deine Fundstücke an einem Ast auf, so entsteht ein schönes Waldmobile. Wickel dafür etwas Draht um die Schätze oder binde sie mit einem Faden fest. Mit einem weiteren Faden oder Draht kannst du das Mobile aufhängen.

Bereits getrocknete oder frische Blätter ein paar Tage unter einen Stapel Bücher oder in eine Blumenpresse legen. So wird das Laub schön glatt!

Blättertiere

Material

- Buntes Herbstlaub (getrocknet oder frisch)
- Tonkarton
- Klebstoff
- Wasserfarben

Im Herbst erstrahlt der Wald in den schönsten Farben! Mit bunten Blättern und etwas Fantasie lassen sich Lieblingstiere wie Vogel, Hirsch oder Fuchs ganz einfach selbst basteln! Die Blätter in der gewünschten Form auf Tonkarton kleben und bemalen.

Waldlandschaft

Material

- Kastanien oder Eicheln
- Rindenstücke
- Zahnstocher
- Moos
- Tannenzweige
- Laub
- Einmachglas

Vier Zahnstocher als Beine in eine große Kastanie stecken. Danach ein Loch in die obere Hälfte des Körpers bohren und eine Kastanie als Kopf aufstecken. Wer möchte, bringt am Kopf noch zwei kurze Zahnstocher als Ohren an. Nun ein Einmachglas mit Moos, Rinden und kleinen Zweigen befüllen und das Reh hineinsetzen. Fertig ist die Waldlandschaft! Einen Kastanienigel bastelst du ganz einfach, indem du viele Zahnstocher als Stacheln in eine Kastanie steckst. Welches Tier kannst du selbst noch erfinden?

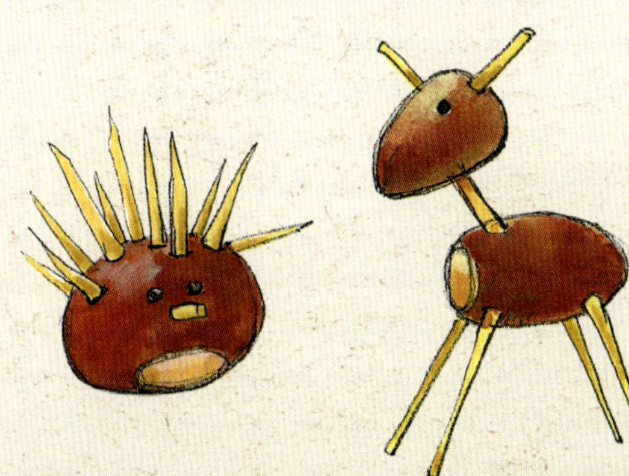

Schmücke dich mit den Schätzen des Waldes!

Damit man lange Freude an dem Schmuck hat, Kastanien oder Eicheln zwei Tage vor dem Basteln in Salzwasser einlegen. Das macht sie haltbarer!

Naturschmuck

Material

- Kastanien
- Eicheln, Eichelhüte
- Schnur zum Auffädeln oder Basteldraht
- Kastanienbohrer-Set oder Frittbohrer

Ketten aus Naturmaterialien wie Kastanien und Eicheln eignen sich wunderbar zum gemeinsamen Basteln in der Gruppe!

Am besten bohren die Erwachsenen Löcher in die Waldschätze.

Die Kinder fädeln sie auf eine Schnur auf, die fest verknotet wird.

Wald-Weben

Material

- vier etwa gleich große Äste
- Wolle o. ä. Fäden
- Schere
- Naturmaterialien: Blumen, Kräuter, Blätter etc.

Die Äste an den Enden mit Wolle umwickeln und als Quadrat fest verschnüren. In dem Rahmen werden nun mehrere Fäden von der einen zur anderen Seite gespannt und verknotet. Nun kann man Blumen, Kräuter und andere schöne Sachen zwischen die Wollfäden schieben und ein Wald-Bild gestalten.

Je strammer die Fäden gespannt sind, desto besser lassen sich Blumen oder Blätter befestigen.

Wissen, Experimente

Wichtiges über den Wald
und seine Bewohner.
Mit einfachen Experimenten
zum Selbermachen

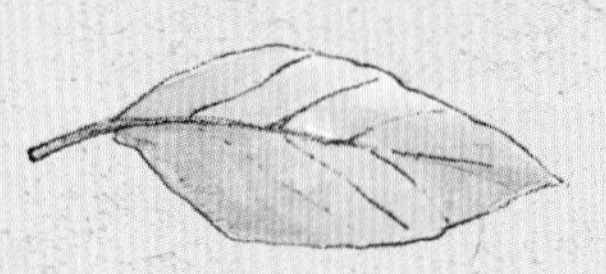

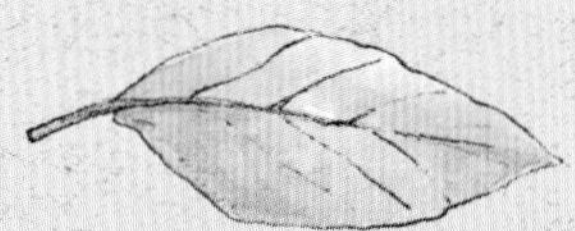
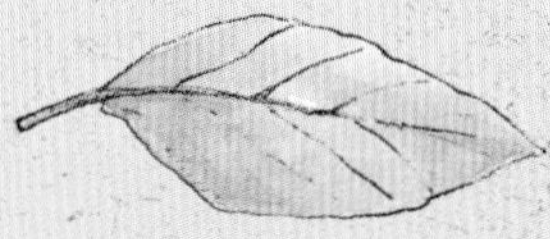

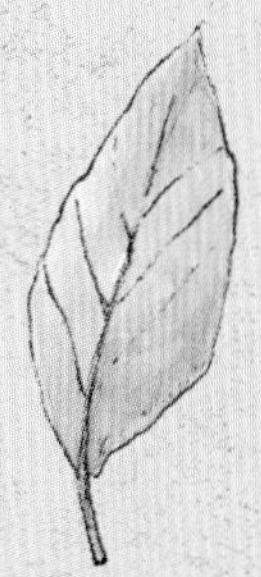

Bäume im Wald

Laubbäume

Buche:
- der häufigste Laubbaum in deutschen Wäldern
- Bucheckern kann man essen.
- bis zu 45 Meter hoch
- bis 300 Jahre alt

Eiche:
- bis zu 40 Meter hoch
- bis 600 Jahre alt

Nadelbäume

Fichte:
- die häufigste Baumart in deutschen Wäldern
- bis zu 50 Meter hoch
- bis 600 Jahre alt

Kiefer:
- bis zu 40 Meter hoch
- bis 700 Jahre alt

Baum-Merkmale

- Form der Krone
- Beschaffenheit der Rinde
- Form und Größe der Blätter
- Blüten
- Früchte

In unseren Wäldern gibt es viele verschiedene Baumarten. Jeder Baum hat Wurzeln, einen Stamm und eine Krone. Die Wurzeln verankern ihn fest im Boden. Über sie nimmt der Baum lebenswichtiges Wasser und Mineralstoffe auf. Der Stamm hält den Baum stabil und transportiert das Wasser und die Mineralstoffe nach oben in die Baumkrone. So nennt man den oberen Teil des Baumes mit Ästen, Zweigen und Blättern.

Alle Bäume haben auch Blüten. Bei manchen Bäumen, wie Kastanien, Apfel- und Kirschbäumen, sieht man die Blüten gut und kann ihren Duft riechen. Oft sind die Blüten aber auch klein und unscheinbar, wie z. B. bei der Eiche oder bei den meisten Nadelbäumen.

Man unterscheidet zwischen **Laubbäumen** und **Nadelbäumen**. Blätter und Nadeln haben die gleiche Funktion. Sie nehmen Luft auf und bereiten sie zusammen mit Wasser, Sonnenlicht und ihrem grünen Farbstoff als Nahrung für den Baum auf. So kann der Baum wachsen und neue Äste und Blätter bilden. Dabei entsteht ein für alle Tiere und Menschen lebenswichtiger gasförmiger Stoff: der Sauerstoff. Ihn brauchen wir alle zum Atmen.

Nadeln bleiben auch im Winter am Baum, während die Laubbäume ihre Blätter im Herbst abwerfen. Die häufigsten Laubbäume in unserem Wald sind die Buche und die Eiche, die häufigsten Nadelbäume die Fichte und die Kiefer.

Wie viele Kinder müssen sich an den Händen halten um einen Baumstamm zu umfassen? Probiert es aus!

Eichenblätter
und Eicheln
Eiche
Buche
Buchenblätter
und Bucheckern
Kiefernnadeln und
Kiefernzapfen
Fichte
Fichtennadeln
und Fichtenzapfen
Kiefer

Tiere des Waldes

Pflanzenfresser
- Reh
- Hirsch
- Schnecke
- Regenwurm

Raubtiere
- Fuchs
- Iltis
- Greifvogel
- Eule
- Luchs
- Wildkatze
- Wolf

Allesfresser
- Wildschwein
- Waschbär
- Dachs
- Eichhörnchen
- Baummarder
- Ameise

Infos zu Rotkehlchen und weiteren Vogelarten gibt es auf S. 69

Für zahlreiche Tierarten bietet der Wald einen passenden Lebensraum und ein reichhaltiges Nahrungsangebot.

Rehe und Hirsche ernähren sich von Kräutern, Beeren, Laub und Gräsern. Daher nennt man sie **Pflanzenfresser**.
Zur Paarungszeit im Herbst rufen die Hirsche laut durch den Wald. Dieses Rufen nennt man „Röhren". Um die Gunst der Weibchen zu gewinnen, kämpfen die Männchen mit ihren großen Geweihen auch gegeneinander.

Zu den **Raubtieren** zählen Fuchs, Baummarder und Iltis. Sie jagen Mäuse und kleinere Vögel. Im Herbst fressen Baummarder, Iltis und Fuchs gerne süße, saftige Früchte wie Brombeeren, Heidelbeeren und Mirabellen. Auch Greifvögel und Eulen sind Raubtiere. Zu den Greifvögeln im Wald gehören der Adler, der Habicht, der Mäusebussard, der Milan und der Falke. Sie haben sehr gute Augen, mit denen sie ihre Beute aus großer Entfernung erkennen. Mit den scharfen Krallen fangen sie Mäuse und Kleintiere aus dem Flug. Der Hakenschnabel dient dazu, die Nahrung zu zerreißen. Eulen wie der Uhu, die Waldohreule, die Schleiereule und verschiedene Käuze sind nachtaktiv. Tagsüber schlafen sie und wenn es dunkel wird, gehen sie auf die Jagd. Einige Raubtiere wie den Luchs, die Wildkatze oder den Wolf sieht man sehr selten, denn sie sind sehr scheu. Den Braunbären, der bis vor 200 Jahren in unseren Wäldern lebte, gibt es heute leider nur noch im Zoo.

Als **Allesfresser** bezeichnet man das Wildschwein, den Dachs, den Waschbären, das Eichhörnchen und den Baummarder. Sie ernähren sich von Pflanzen und kleinen Tieren. Eichhörnchen und Baummarder sind geschickte Kletterer. Sie halten sich deshalb meist auf Bäumen auf.
(Weitere Infos zum Lebensraum Baum siehe S. 68–69).

Nicht alle Tiere im Wald sind groß. Es gibt auch ganz kleine Tiere. Am Boden und in der Erde gehen Regenwürmer, Tausendfüßler, Asseln und Schnecken ihrer Arbeit nach. Diese Insekten erfüllen eine wichtige Aufgabe: Sie fressen das herabgefallene Laub, verdauen es und scheiden es als kleine, fein zermahlene Kothäufchen wieder aus. Dadurch entsteht wieder nährstoffreicher Waldboden.
Auch Ameisen sind wichtig für den Wald, denn sie zerschneiden morsches Holz, verbreiten Pflanzensamen und beseitigen tote Tiere. Aus Holzstückchen, abgefallenen Nadeln, Pflanzenteilen und Erde bauen sie ihre Ameisenhaufen. Ameisenhaufen sind oft über einen Meter hoch. Im Inneren gibt es viele Gänge und Kammern. Die Ameisenkönigin lebt in einer Kammer in der Mitte des Hügels. Sie legt Eier, die die Arbeiterinnen in anderen Kammern pflegen, bis Larven aus den Eiern schlüpfen. Die Larven verpuppen sich und werden später zu Ameisen.

1
2
3
4
Schau mal! Da sind Spuren von einem Reh!

Vor allem im Winter, wenn Schnee liegt, findet man viele Tierspuren. Anhand der Huf- und Pfotenabdrücke kann man herausfinden, wer da durch den Wald oder über die Wiese gelaufen ist. Wer entdeckt die Spuren von Reh, Hase, Igel, Eichhörnchen, Fuchs und Vogel?

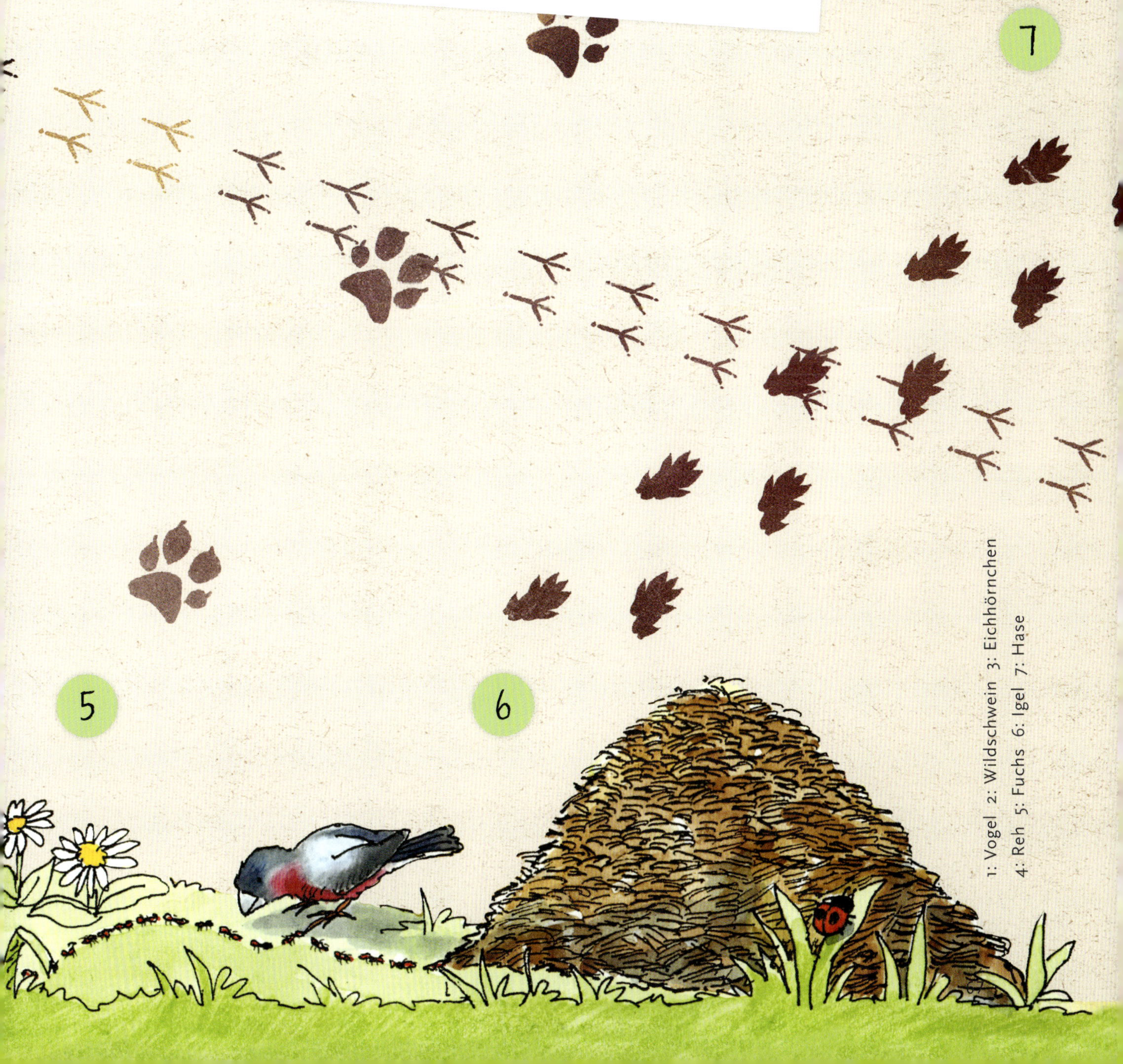

7

5

6

1: Vogel 2: Wildschwein 3: Eichhörnchen
4: Reh 5: Fuchs 6: Igel 7: Hase

Baumkrone
Wo bauen Vögel ihre Nester?
Baumkrone: Fink, Meise,
Laubsänger, Grasmücke, Drossel
Stamm/Baumhöhle: Specht
Waldboden: Rotkehlchen
Stamm
Boden & Wurzelwerk

Der Baum als Lebensraum

Jeder Baum bietet **Lebensraum** für viele verschiedene Tiere: Auf dem **Boden** und im **Wurzelwerk** leben Insekten, Schnecken und Regenwürmer. Sie dienen Vögeln, Eidechsen, Kröten, Mäusen und vielen anderen Tieren als Nahrung.

Lebensraum Baum

Ein Baum hat ungefähr so viele Bewohner wie eine mittelgroße Stadt.

Im **Stamm** unter der Borke leben Käfer, von denen sich der Specht ernährt. Mit seinem kräftigen Schnabel öffnet er die Rinde und holt die Käfer und deren Larven darunter hervor.

In der **Baumkrone** weben Spinnen ihre Netze und Schmetterlingsraupen knabbern an den Blättern. Eichhörnchen bauen kleine kugelige Nester aus Ästen und Zweigen, die Kobel genannt werden. In diesen Nestern schlafen sie und bringen ihre Jungen zur Welt. Baummarder leben in Baumhöhlen und manchmal in verlassenen Eichörnchenkobeln oder Greifvogelnestern. Dort finden ebenfalls Käuze oder Fledermäuse Unterschlupf. Finken, Meisen, Laubsänger, Grasmücken und Drosseln bauen ihre Nester auf Astgabeln. Manche Vögel legen ihre Eier aber auch in Baumhöhlen. Der Specht baut sich diese Höhlen mit seinem kräftigen Schnabel sogar selbst.

Vögel wie das Rotkehlchen bauen ihr Nest am **Boden**. Dort treffen sie auf andere Bodenbewohner: Mäuse, Wildkaninchen, Igel und in Wassernähe auch Kröten. Der Waldboden bietet reichlich Nahrung. In umgestürzten und abgestorbenen Bäumen oder Ästen wimmelt es von Käfern und Spinnen, die auch auf der Speisekarte von Vögeln stehen.

Wo im Wald könnt ihr Höhlen oder Nester entdecken? Schaut genau hin!

Vögel beobachten

Im Wald, auf der Wiese und im Garten gibt es viele verschiedene Vögel: z. B. Blaumeisen, Rotkehlchen oder Amseln. Wer ein Futterhäuschen hat, kann die kleinen gefiederten Freunde im Winter besonders gut beobachten. Meisenknödel aus dem Supermarkt sind in der kalten Jahreszeit sehr beliebt. Wer Lust hat, zaubert für Rotkehlchen & Co. ganz besondere Leckerbissen ...

Vorsicht!
Beim Schmelzen
des Fetts kann man
sich verbrennen.
Am besten ist immer
ein Erwachsener
mit dabei!

Vogelplätzchen

Zutaten

- Feine Vogelfuttermischung
- Reines Kokosfett
- Plätzchenförmchen
- Kochtopf, Kochlöffel
- Alufolie
- Nägel
- Kordel zum Aufhängen

Kokosfett bei geringer Hitze zum Schmelzen bringen. Nun so viel Vogelfutter dazugeben, dass eine festere Masse entsteht. Etwas abkühlen lassen. In der Zwischenzeit ein Stückchen Alufolie unter die Ausstechformen legen. Die Masse einfullen, einen Nagel hineinstecken. Nachdem die Plätzchen ein paar Stunden im Kühlschrank waren, die Förmchen lösen und die Nägel entfernen. Eine Kordel durch das Loch fädeln – und schon kann das Vogelplätzchen an den Baum gehängt werden.

Bäume züchten

Material

- Frische, reife Eicheln
- Gefrierbeutel
- kleine Blumentöpfe
- Gartenerde

Die Eicheln pflückt man am besten direkt vom Baum. Reife Früchte sind glänzend braun und lassen sich ganz einfach aus der Kappe lösen. Zum Test Eicheln in eine Schale mit Wasser legen. Alle Früchte, die oben schwimmen, sind faul und nicht zum Einpflanzen geeignet. Die leicht feuchten Eicheln in einem Gefrierbeutel in den Kühlschrank legen. Nach spätestens 45 Tagen pflanzt man sie mit dem Wurzelende nach unten in einen Blumentopf und bedeckt sie mit ca. 2 cm Erde. Sobald die Eicheln Wurzeln gezogen haben, können sie umgepflanzt und in den Garten gesetzt werden.

Der Wald als Lebensraum

Im Wald leben Tiere und Pflanzen auf ganz besondere Weise zusammen. Jedes einzelne Lebewesen spielt eine wichtige Rolle in dieser Gemeinschaft. Bäume dienen vielen anderen Pflanzen und Tieren als Lebensraum.

Die abgeworfenen Blätter werden am Boden von kleinen Tieren wie z. B. Würmern oder Käfern zerkleinert und gefressen. Sie werden verdaut und als fein zermahlene Kothäufchen wieder ausgeschieden. Manchmal ziehen Würmer die Blätter auch unter die Erde. Dort werden sie von Lebewesen, die so klein sind, dass man sie mit bloßem Auge nicht sehen kann, weiter zerkleinert. Durch diesen Vorgang entsteht der besonders fruchtbare Waldboden. Aus ihm ziehen Pflanzen und Tiere Wasser und Nährstoffe. Welche Bäume in einem Wald wachsen und welche Tiere dort leben, hängt von verschiedenen Bedingungen ab. Wie hart oder weich ist der Boden und welche Nährstoffe stecken in ihm? Wie oft scheint die Sonne und wie oft regnet es? Liegt der Wald im Tal oder auf einem Berg?

Für die Menschen ist der Wald sehr wichtig. Die Bäume produzieren Sauerstoff, einen unsichtbaren gasförmigen Stoff, den wir zum Atmen brauchen. Außerdem filtern sie Staub aus der Luft. Die Wurzeln im Boden nehmen das Wasser auf und halten die Erde fest. Dadurch verhindert der Wald, dass der Boden weggespült wird und dass es zu Überschwemmungen kommt. Für viele Menschen ist der Wald ein Ort der Erholung. Hier finden sie Ruhe und frische Luft.

Der Wald erneuert sich selbst: alte, kranke Bäume sterben ab, junge Bäume wachsen nach. Außerdem pflegen Förster und Waldarbeiter den Wald. Damit die Bäume genug Platz und Licht zum Wachsen haben, fällen die Waldarbeiter Bäume, die zu dicht beieinander stehen. Wenn sie alte, kranke Bäume gefällt haben, pflanzen sie neue, junge Bäume. So bleibt der Wald weiter bestehen. Die Waldarbeiter holen auch das Holz aus dem Wald und bringen es zum Sägewerk oder in die Möbelfabrik.

Funktionen des Waldes

- Lebensraum für Tiere und Pflanzen
- filtert die Luft
- Bodenschutz/Wasserschutz
- Ort der Erholung

Aus Holz werden viele Dinge gemacht: Häuser, Möbel, Stifte und auch Papier. Was ist bei euch zu Hause alles aus Holz?

Waldbodenuntersuchung

Material

- Schuhkarton
- kleine Schaufel
- Lupe
- Marmeladenglas mit Deckel
- Wasser

Auf geht es in den Wald! Die Kinder suchen sich ein Stück Waldboden und befreien ihn von Blättern. Nun folgt der erste Bodentest. Ein Stück Erde wird dazu in der Hand hin- und hergerollt. Lässt es sich zu einer langen Wurst rollen, handelt es sich um eine lehmige oder tonhaltige Bodenart. Zerbröselt die Erde hingegen in der Hand, stehen die Kinder auf einem sandigen Boden.

Anschließend füllen die Kinder ein bisschen Erde in das Marmeladenglas. Sie gießen Wasser dazu, schließen das Glas mit dem Deckel und schütteln es kräftig. Die Kinder können nun beobachten, wie sich die Bestandteile des Bodens verhalten. Was sinkt nach unten? Was schwimmt oben? Was braucht länger, um sich unten abzusetzen?

Zum Schluss geben die Kinder eine große Schaufel Erde in den Schuhkarton. Viele kleine Tiere krabbeln aus der Erde und lassen sich mit der Lupe beobachten. Ameisen, Würmer, Asseln, Käfer, Ohrwürmer, Tausendfüßler und viele andere Kleinstlebewesen sind zu entdecken. Nach dem Experiment werden alle Tiere wieder an ihren Fundort zurückgebracht und freigelassen.

Matthias Meyer-Göllner ist Kinderliedermacher aus Leidenschaft. Der studierte Sonderpädagoge ist regelmäßiger Gast im KiKA und arbeitet in Musicalprojekten mit Kitas und Grundschulen zusammen. Mit über 200 Konzerten im Jahr begeistert er ein großes Publikum. Seine Erfahrungen gibt er in Seminaren an Pädagogen weiter. In seiner Freizeit hält sich Matthias Meyer-Göllner am liebsten im Grünen und am Meer auf, wo er Ideen für seine Lieder-CDs und Bücher sammelt.

Ines Rarisch wurde 1964 in Düsseldorf geboren und studierte Grafik-Design und Illustration. Sie arbeitete zunächst als Grafikerin für Werbung und Schulbuchverlage. Später machte sie sich selbstständig und gestaltet seitdem erfolgreich Kurzgeschichten, Bilderbücher und Tonträger für Kinder.

Musical „Kleine Helden im Wald"

Unter www.jumboverlag.de gibt es die Texte des Musicals „Kleine Helden im Wald" zum kostenlosen Download.

Die CD zum Buch

CD • ISBN 978-3-8337-3581-3 • Euro 9,99 (19 % MwSt)

Eine Geschichte über Freundschaft und die Schätze der Natur sowie viele Lieder rund um das Thema Wald bescheren kleinen Entdeckern ein großes Hör-Erlebnis.

Mit Playback-Versionen zu allen Liedern